Nach einer Weile kommt Michi grinsend die Treppe herunter. „Was ist los? Wo ist Susi?“, fragt Benny. Michi deutet nach oben: „Du wirst es nicht glauben. Guck es dir am besten selbst an!“

Benny und Michi sausen nach oben zum Käfig. Benny sieht nur Mausi im Käfig. Susi hat sich im Häuschen versteckt. Benny Blu hebt es hoch.

Darunter liegt Susi neben vier winzigen Kaninchen-babys. „Ich dachte, du hast zwei Weibchen!“, ruft Benny erstaunt und schaut sich die Kaninchen an.

„Wie unterscheiden sich eigentlich Kaninchen von Hasen? Welche Arten gibt es? Wie leben sie? Und wie sorgt man zu Hause am besten für Kaninchen?“

Benny Blu®

Kaninchen

... und Hasen

Text von Nicola und Thomas Herbst

Illustriert von Heidemarie Rötzer

Für Mirjam und Sofia,

die gerne wissen wollten,

wie sich Kaninchen

von Hasen unterscheiden

www.BennyBlu.de

Benny Blu und der „Familienzuwachs“

Benny ist bei seinem Freund Michi zu Besuch. Michi hat zum Geburtstag zwei Zwergkaninchen bekommen. Es sind Weibchen, Susi und Mausi.

Michi macht sich Sorgen um Susi. Ihr Bauch wird immer dicker. Darum wollen er und Benny zum Tierarzt gehen. „Ich hole jetzt Susi! “, sagt Michi.

Hasentiere

Kaninchen und Hasen gehören zur Ordnung der Hasentiere. Sie werden oft verwechselt.

Fast überall zu Hause

Hasen und Kaninchen gibt es fast überall. Nur in wenigen Gebieten (gelb) sind sie nicht zu finden.

Hasentiere sind keine Nager

Hasentiere haben Nagezähne. Sie sind aber keine Nager. Am Oberkiefer sitzen zwei Reihen von Schneidezähnen. Beim Kauen bewegen Hasentiere den Kiefer kreisförmig.

Einfache Zahnreihe

Ratten und andere Nagetiere haben nur eine Zahnreihe. Sie schieben beim Fressen den Kiefer vor und zurück.

Feldhase oder Wildkaninchen

Das Hasenfell ist rotbraun. Nur der Bauch ist weiß.

Das Kaninchenfell ist grau-braun, der Bauch ist grau-weiß.

Schwergewicht

Hasen bringen bis zu sechs Kilogramm auf die Waage.

Federleicht

Kaninchen wiegen ungefähr zwei Kilogramm. Sie sind viel leichter.

Der Hasenkopf ist länglich.

Hasenohren sind länger als der Kopf. Die Spitzen sind schwarz.

Kaninchen haben einen rundlichen Kopf.

Die Ohren von Kaninchen sind kurz. Oben haben sie kein dunkles Ende.

Benny Blu Wissensfrage

Was unterscheidet Hasentiere von Nagern?

A Nager haben drei Zahnreihen.

B Hasentiere haben zwei Zahnreihen.

Wenn du es nicht mehr genau weißt, schau einfach nochmal auf Seite 6 nach!

Benny Blu Geheim-Tipp!

Hasen haben lange Hinterbeine. Damit können sie sehr schnell laufen.

Mit ihren kurzen Beinen sind Kaninchen langsamer.

Benny Blu Wissens-Tipp

Hasen und Kaninchen können miteinander keine Jungen bekommen. Dafür sind sie einfach zu unterschiedlich.

Feldhase

Feldhasen leben auf Wiesen und Feldern. Sie sind Einzelgänger. Zum Schlafen graben sie eine Erdmulde. Man nennt sie Sasse.

Schnelle Dauerläufer

Hasen können lange Zeit schnell laufen. Sie erreichen dabei eine Geschwindigkeit von etwa 50 Stundenkilometern. So schnell darf ein Auto in der Stadt fahren!

Flucht im Zick-Zack-Lauf

Füchse und Greifvögel sind die Hauptfeinde der Feldhasen. Sie können ihnen aber entkommen. Dabei springen die Hasen bis zu zwei Meter weit. Im Zick-Zack laufen sie schnell davon.

Benny Blu Wissens-Tipp

Die Augen von Hasentieren sitzen an der Seite. Ohne sich zu drehen, können sie in alle Richtungen gucken.

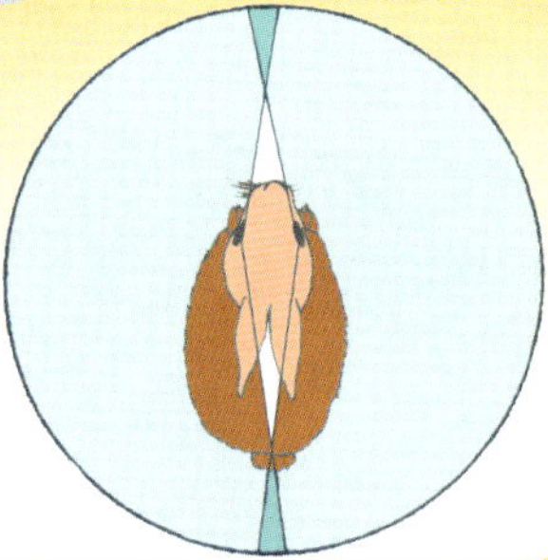

Hasenjunge

Hasen bekommen drei- bis viermal im Jahr Nachwuchs. Bis zu vier Junge werden in der Sasse geboren. Die behaarten Babys können von Geburt an sehen und hören.

Andere Hasenarten

Der Schneeschuhhase stammt aus Nordamerika. Sein Fell ist im Winter weiß. In der warmen Jahreszeit färbt es sich braun.

Kaphase

Er ist in Afrika und Asien verbreitet. Man findet ihn in den Bergen und in der Wüste.

Wildkaninchen

Sie stammen aus Spanien und Portugal. Man entdeckte sie schon vor über 3.000 Jahren. Heute leben sie vor allem in Parks.

Zahme Hauskaninchen

Die Römer hielten Kaninchen in Gehegen. Sie aßen ihr Fleisch und nutzten das weiche Fell.

Aus Wildkaninchen züchtete man zahme Hauskaninchen.

Familientiere

Im Gegensatz zu Hasen halten sich Kaninchen in Gruppen auf. Eine Gruppe umfasst bis zu 30 Tiere.

Kaninchen wohnen in einer Erdhöhle, dem Bau. Ein Bau hat viele Gänge. Bei Gefahr flüchten die Kaninchen über Notausgänge.

Eigenes Revier

Kaninchen leben in einem festen Gebiet, dem Revier. Sie markieren es mit Duftstoffen. Dazu haben sie Drüsen an Hals und Bauch.

Schnell im Bau

Tauchen Greifvögel am Himmel auf, flüchten die Kaninchen schnell in ihren Bau.

Kaninchennachwuchs

Kaninchen vermehren sich schnell. Sie bringen fünfmal im Jahr vier bis sechs Junge zur Welt.

Anders als bei den Hasen sind die kleinen Kaninchen noch blind und taub. Sie haben kein Fell.

Kaninchen in aller Welt

Die Vulkankaninchen leben in Mexiko. Sie verstecken sich im hohen Gras auf den Vulkangipfeln. Am liebsten fressen sie Zacaton-Gras.

Der Buschmannhase

Er ist ein Kaninchen, obwohl sein Name sich anders anhört. Es gibt ihn nur in Südafrika. Dort lebt er an Flussufern.

Nahrung

Hasen und Kaninchen mögen vor allem Pflanzen. Im Sommer fressen sie Gräser. Pflanzentriebe, Äste und Rinde sind ihre Winternahrung.

Viele Vitamine

Hasentiere bilden im Blinddarm Vitamine und Eiweiß. Sie werden als „Blinddarmkot" ausgeschieden. Die Tiere fressen diesen Kot wieder. So bekommen sie wichtige Vitamine.

Benny Blu Tierspuren-Quiz

Die Tiere haben ihre Fußspuren hinterlassen. Bestimmt kannst du die Spuren mit den Tieren verbinden!

1 2 3

A

B

C

Die Kaninchenspur findest du auf dem Bild Seite 16!

Benny Blu Geheim-Tipp!

Ein „Zwerg" als Haustier

Die kleinsten Hauskaninchen sind Zwergkaninchen. Man kann sie gut zu Hause halten. Auch zusammen mit Meerschweinchen fühlen sie sich wohl.

Benny Blu Wissens-Tipp

Hasen kann man nicht zu Hause halten. Deshalb sind „Stallhasen" eigentlich „Stallkaninchen".

Futter und Wasser

Das wichtigste Futter aller Hauskaninchen ist Heu. Im Trockenfutter sind viele Nährstoffe enthalten.

Obst und Gemüse

Kaninchen fressen auch Kräuter, Obst und Gemüse. Sie trinken frisches Wasser.

Zweige und Brot

Kaninchenzähne wachsen ständig. Deshalb brauchen Kaninchen Zweige oder hartes Brot. Daran wetzen sie ihre Zähne ab.

Käfig und Freigehege

Zwergkaninchen benötigen einen geräumigen Käfig. Bei sonnigem Wetter sind sie gerne in einem Freigehege.

Das gehört in den Käfig

Das Futter kommt in den Napf 1. In der Trinkflasche 2 ist Wasser. Das Heu liegt in der Futterkrippe 3. Sägespäne 4 im Kaninchenklo saugen den Urin auf. Stroh 5 macht das Kaninchenheim weich.

Benny Blu Hasen-Suchspiel

Ein Greifvogel kreist am Himmel! Vier Hasen haben sich schnell versteckt. Bestimmt findest du sie!

Alle Lösungen findest du auf der letzten Seite!

Benny Blu Geheim-Tipp!

Berühmte Hasen

Vor über 500 Jahren entstand das Bild „Ein Hase“. Albrecht Dürer hat es gemalt. Inzwischen ist dieser Hase sehr berühmt.

Osterhase

Hasen bekommen schon früh im Jahr zur Osterzeit viele Junge. Sie sind ein Zeichen für neues Leben und Fruchtbarkeit – darum Osterhase!

Hasen-Fabel

In der Fabel „Der Hase und der Igel" machen beide einen Wettlauf.

Als der Hase ins Ziel kommt, ist der Igel schon da. Er hat einfach seine Frau dort warten lassen. Ausgetrickst!

Benny Blu Wissens-Tipp

Ängstliche Menschen nennt man oft Angsthasen. Das kommt daher, weil Hasen ständig bereit sind zu fliehen.

Benny Blu Hasen-Wörterbuch

Manche Körperteile von Hasen haben in der Jägersprache ungewöhnliche Namen.

Der Schwanz heißt „Blume“.

Die „Lampe“ ist der aufgestellte Schwanz.

Die Ohren nennt man „Löffel“.

Benny Blu Langohr-Rekorde

Schnellster Hase

Der Jackrabbit lebt in Nordamerika. Dieser Hase kann über 70 Stundenkilometer schnell laufen. Das ist schneller als so manches Auto.

Größtes Kaninchen

Der „Deutsche Riese" wird mehr als 70 Zentimeter lang. Er wiegt bis zu neun Kilogramm!

Zwergkaninchen Deutscher Riese

Kein Benny Blu Buch verpassen!

Wer kein Benny Blu Buch verpassen will, nutzt den **Benny Blu Newsletter-Service**. Mehr Infos unter www.BennyBlu.de.

Prominente Autoren

Viele prominente Autoren schreiben für Benny Blu! Sie geben ihr Sachwissen gerne weiter und unterstützen zusammen mit Benny Blu regelmäßig karitative Einrichtungen.

Henry Maske

Nina Ruge

Walter Röhrl

Christian Häckl

Benny Blu Bücher

Adler – Könige der Lüfte
Ägypten – Leben am Nil
Altes Rom – Soldaten, Götter, Spiele
Autos – Vom Dampfwagen zum Flitzer
Babys – Das Leben beginnt
Brot – Vom Mehl zum Brot
Bücher – So werden sie gemacht
Christentum – Der Glaube an Jesus
Delfine – Schlaue Schwimmer
Dinosaurier – Faszinierende Urtiere
Eichen – Vom Samen zum Baumriesen
Eisbären – Raues Leben in der Arktis
Erde – Unser Lebensraum
Feuerwehr – Löschen, retten, bergen, schü
Frösche – Quakkonzert am Teich
Getreide – Vom Korn zum Mehl
Handy – Telefone und Funklöcher
Heilpflanzen – Blüten, Tee und Zauberkra
Hunde – Freunde der Menschen

ndianer – Wigwam und Büffeljagd
aninchen – und Hasen
atzen – Schnurren oder kratzen
ino – Wie die Bilder laufen lernen
örper – So funktioniert er
olumbus – Entdeckung der Neuen Welt
leisen – Geschickte Gartenvögel
ilch – Vom Euter bis zur Flasche
stern – Das Fest der Freude
ferde – Schön, schnell und stark
iraten – Räuber der Meere
olizei – Hilfe, Schutz, Verbrecherjagd
itter – Lanze, Ross und Reiter
chokolade – Süßes vom Kakaobaum
port – Olympisch fit und fair
annen – Immergrüne Nadelbäume
iger – Gestreifte Großkatzen
ulkane – Feuer speiende Berge
asser – Aus der Quelle ins Glas
eihnachten – Das Fest der Liebe
eltall – Sterne und Planeten
etter – Regen, Wolken, Sonnenschein
ucker – Aus der Rübe in die Tüte

und viele weitere Titel.

Mehr Infos zu Benny Blu
unter der Hotline:
01805/71 15 71 (0,12€ /Minute)
oder im Internet unter:

www.BennyBlu.de

Von Seite 8:

Benny Blu Wissensfrage

Klasse! Antwort B ist richtig.
Hasentiere haben zwei Zahnreihen.

Von Seite 20:

Benny Blu Tierspuren-Quiz

Spitze! Die Lösung ist:
1C, 2A, 3B.

Von Seite 24:

Benny Blu Hasen-Suchspiel

Sehr gut! Das Bild zeigt dir die Lösung.

Damit du die Lösungen lesen kannst,
musst du das Buch drehen.

Alle Lösungen auf einen Blick